www.tredition.de

AF178848

Manuel Mendez Fracci

Das Bewusstsein des Agierens

www.tredition.de

© 2021 Manuel Mendez Fracci

Verlag und Druck:
tredition GmbH, Halenreie 40-44, 22359 Hamburg

ISBN
Paperback: 978-3-347-37165-1
Hardcover: 978-3-347-37166-8
e-Book: 978-3-347-37167-5

Vorwort

Als ich mich im Bett von links nach rechts und wieder zurück wälzte, erkannte ich, dass mir etwas Entscheidendes im Leben fehlt.

Ich fragte mich, ob es jedem so ergeht und wie man dies ändern kann. Ich sah mir die Welt an. Ich benutzte hierzu weder nur meine Augen, noch sah ich die Welt nur durch andere Augen.

Ich habe Bücher über das Ikagai, über Seneca und über weitaus mehr Meinungen oder über das erfolgreiche Durchsetzen seiner eigenen Ziele gelesen. Weiterhin haben mich die philosophischen Eigenschaften in einen Bann des Verständnisses gezogen.

Ein roter Faden, welcher sich durch das Leben zieht – dieser war gewiss noch fern.

Gedichte von bekannten Autoren und auch Werke von Nikola Tesla bis Sigmund Freund oder Leonardo Da Vinci inspirierten mich.

Als ich nun aus meinem Bett mit dem Gedankenchaos aufwachte, stellte ich mir die Frage: „Was ist der Sinn des Lebens und wie möchte ich selber in Erinnerung bleiben?".

Ich fragte mich den Unterschied zwischen Leben, Erleben und Verleben.

An folgendem Abend habe ich eine Serie von Leonardo Da Vinci geschaut. Er verbrachte seine ganze Zeit und seine Lebensfreunde mit Werken, welche seine Lebenszeit überdauern sollten. Dies öffnete mir die Augen und es schien so als würden sich alle Punkte im Leben verbinden und ergänzen. Aus dem großen Bild werden kleine Bilder und ich erkannte, dass ein Spinnennetz nur durch eine einzige Spinne erbaut wird, dessen Fäden sich geometrisch perfekt zusammensetzen und ein großes Werk ergeben. Jeder Faden und jede Struktur verstärken das Gerüst und dessen Struktur.

Jedes Tun hat eine Synergie im weiteren Tun.

Hierbei erkannte ich schnell, dass Werke positiv oder negativ sein können. Ja, sie sind destruktiv oder aber konstruktiv. Sie helfen anderen oder zerstören andere.

Wie kann man also sicher sein, dass man lebt und andere nicht zerstört?

Wie ist die Welt aufgebaut, gibt es mehr Zerstörung oder gibt es mehr Aufbau?

Gibt es für Menschen einen optimalen Leitfaden oder muss sich jeder Mensch seinen eigenen Leitfaden bauen und sein Leben nach diesem richten?

Mich beschäftigten viele philosophische Fragen. Mir wurde klar das sehr wenige einen roten Leitfaden haben und auch sehr viele unglücklich durch das Leben gehen.

Sie führen Beziehungen in denen Sie nicht glücklich sind.

Sie haben Freunde, die nicht mit dessen Persönlichkeiten harmonieren.

Sie sind an einem Job gebunden, der Sie psychisch und physisch auslaugt.

Sie Leben in einem Albtraum und träumen Ihren Traum.

Ist es nicht paradox, dass sich so wenige mit Ihren Zielen und mit dessen Zukunft beschäftigen. Es müsste uns direkt nach unserer Geburt eingeprägt werden, dass wir unseren Leitfaden selber erbauen. Wir erschaffen unser eigenes Leben und unseren eigenen Bauplan – genauso wie wir leben möchten.

Dieses Buch dient als Leitfaden, als Navigator und als Selbstreflektion oder als Denkanstoß. Es soll jenen helfen, welche sich verloren haben, welche sich neu finden möchten oder sich komplett neu ausrichten möchten. Es ist kein Werk welches stumpf in die Gesellschaft integriert werden kann, sondern man kann sich die Lehre und Ideen in sein eigenes Leben einbauen. Es können Parameter ergänzt oder ausgebaut werden. Wir sind kleine Schöpfer die ihr eigenes Leben lenken, bauen und jederzeit neuausrichten können. Es gibt nichts, was unmöglich ist. Jeder Mensch kann sich in der heutigen Gesellschaft frei entfalten und hat ein weites Spektrum an Möglichkeiten.

In einer immer schnellen wachsenden Welt, ist es umso wichtiger ein Alleinstellungsmerkmal zu haben, welches nicht durch Computer und Maschinen ersetzen werden kann. Abstraktes Denken und Kreativität sind der Schlüssel zur Menschheit. Wir haben bereits Merkmale, welche Maschinen nicht ersetzen können. Wir haben mehr als nur Philosophie, Kunst, Emotionen, Gefühle, Musik und Theater als Alleinstellungsmerkmal. Wir sind nicht nur zum Ausführen geboren und wir können auch nicht nur durch ein Ausführen ersetzt werden.

Wir sind Schöpfer einer Welt – wie Sie uns gefällt und hierbei ist jeder einzelne Mensch der Seidenpfaden, welcher das gesamte Gerüst zusammenhält, beeinträchtigt oder aber sogar steuert.

Das Wissen unserer Urahnen und der alten indigenen Bevölkerungen ist auf diesen Grundbausteinen ebenfalls aufgebaut.

Es wurde seit jeher im Einklang mit dem Schöpfer, mit den Schöpfungen des Schöpfers und der eigenen Schöpfungen in Synergie und im Einklang gelebt.

Das Leben der heutigen Gesellschaft erweist sich im Großen und im Ganzen als sehr unproduktiv und trägt oftmals nicht zur Besserung, sondern zur Verschlechterung der Beziehungen zum Schöpfer und dessen Schöpfungen bei. Wir sind oftmals von unserer eigenen Herkunft losgelöst, sodass wir nur noch ein normaler Anwender sind. Das Potential, welches jeder einzelne in sich trägt, wird meist bis zum Tod nicht vollständig ausgeschöpft.

Unser Energiesparmodus in Bezug auf das „Leben" und nicht auf die täglich anfallende Arbeit, welche uns oftmals völlig auslaugt – ist immens.

Dies liegt besonders daran, dass die meisten Menschen keinen Leitfaden haben. Es fehlt oft eine Selbstreflektion, Selbstbewusstsein, Kontrolle oder aber Kreativität.

Ja, wir leben oft einen Sinn den wir nicht selber vorgegeben haben. Wir arbeiten für Ziele von anderen und leben in einem Paradoxon.

Wir sind Schauspieler geworden, mit passenden Masken zu jeder Situation und wissen oftmals selbst nicht mehr wer wir sind.

Wir geben unsere Werte auf und fügen uns in eine Gesellschaft in der wir nur die Werte vorspielen um anerkannt zu sein.

Dabei vergessen wir jedoch völlig, dass unsere Natur ein und dieselbe ist. Wir haben alle Probleme uns zu fügen, anzupassen oder aber uns frei entfalten zu können.

Jeder möchte nur zeigen wie er glänzt, wobei ein gemeinsames Leid ein Zusammenhalt fördert wohingegen ein geschauspielertes Glänzen den Neid der Bevölkerung anregt und Konkurrenz statt einen Zusammenhalt fördert.

Oft wird vergessen, dass Schicksalsschläge viele Menschen zusammenbringen, die möglicherweise Jahre nicht miteinander geredet haben. Es wird vergessen, dass wir nicht nur durch Erfolg, sondern am meisten durch Misserfolg wachsen. In dieser Gesellschaft gibt es stille Kämpfer die stetig wachsen, jedoch nur Ihre Erfolge teilen.

Viele Menschen können nicht hinter dieses Theater und hinter die Fassade blicken und geben sich auf, da man denkt, dass nur der Glanz in der Welt normal sei.

Weiß man aber, dass zum Beispiel ein großer Macher wie Leonardo Da Vinci seine meisten Werke gar nicht bis zum Ende führen konnte, dann ist Misserfolg oder etwas nicht schaffen auch oftmals ein Segen, sodass man Zeit für neue Ereignisse hat.

Es ist ein Flur in dem man steht. Es sind viele Türen offen oder aber geschlossen. Viele Türen sind dir sympathisch oder aber nicht. Manche sind abgeschlossen und du hast den Schlüssel oder aber nicht.

Letzten Endes entscheidest du dich:

Welche Tür schließe ich.

Welche Tür lasse ich noch offen.

Welche Tür schließe ich ab.

Zu welcher Tür finde ich den passenden Schlüssel.

Durch welche Tür gehe ich, um möglicherweise den nächsten Flur oder Korridor zu erreichen.

Nun du siehst, viele Wege führen nach Rom oder aber in die weite Welt. Deinen eigenen Weg und dein eigenes Schicksal sowie deine Schöpfungen, kannst du alleine und für dich selber entscheiden.

Kreationsarten

Kreationsarten sind menschliche Energien die in unsere Umwelt durch unbewusstes oder durch bewusstes kreieren erzeugt werden. Es sind Energien, welche positive oder negative Einflüsse und Ursachen haben können.

Denken

Denken ist der Grundbaustein und das wichtigste sowie das schönste Instrument, welches wir von Gott ermöglicht bekommen haben. Gedanken festigen unsere Aktionen sowie unsere Kreationen und unsere Beziehungen zu Menschen und auch zu anderen Schöpfungen.

Wir können unsere Gedanken artikulieren und wir können unsere Gedanken durch Agieren in etwas messbarem oder aber in etwas fühlbares umformen. Gedanken sind die erste Form der Kreation. Oftmals erlernen wir einen gewissen Grad an Gedanken durch Schulformen oder durch vergangene Geschichte und durch bereits von anderen erlebten Erfahrungen. Dies ändert sich jedoch im Laufe der Jahre da die Geschichte oftmals umgeschrieben wird und durch modernste Kenntnis immer mehr Informationen und Gedanken freigesetzt werden, welche uns nicht nur manipulieren, sondern auch bereichern können. In der heutigen Gesellschaft gibt es sehr viele Informationsfilter, wodurch wir immer mehr gefordert werden. Wir sind dafür verantwortlich welche Filter und welche Informationen wir zulassen oder aber auch nicht zulassen.

Unsere erhaltenen Informationen bilden Gedanken. Diese Gedanken wiederum bilden Meinungen. Meinungen bilden Charaktere, welche sich tief in eine Persönlichkeit verankern können. Viele Menschen vergessen, dass wir alles und jeder sein können und nur unsere eigenen Gedanken uns von anderen Menschen unterscheiden. Jedes Gehirn und jeder Organismus des Menschen wurde ähnlich erbaut und ist nur durch erlernte oder angeborene Gedanken gefestigt worden. Wir sind konstruktiv oder destruktiv wie ein Diamant in eine andere Form durch Gedanken und Kreationsmechanismen geschliffen worden.

Das schöne hierbei ist, dass wir uns jede Sekunde neu ausrichten und ändern können. Der Informationsfluss kann beeinflusst werden und unsere Gedanken können eine völlig neue Persönlichkeit erschaffen. Wir Menschen sind nicht monoton. Wir können uns an jede Situation anpassen. Hierbei dient als gutes Beispiel ein Tintenfisch, welcher die Struktur und sogar die Farbe der Umgebung widerspiegeln kann. Dieses Talent wurde uns zwar nicht in einer Äußerlichkeit gegeben, jedoch haben wir dies in unseren Schöpfungsgedanken und können uns hierbei Integrieren oder ändern, je nachdem, wie eine Situation den Bedarf aufweist.

Artikulieren (Gestik, Mimik, Sprache)

Durch unsere Sinne können wir verschiedene Artikulationen wahrnehmen oder ausführen. Wir können unsere Gedanken mit anderen teilen. Unsere Gedanken können wir durch andere Artikulationen beeinflussen lassen oder sogar ändern. Wir können andere mit unseren Artikulationen in einen Bann ziehen oder sie abstoßen. Artikulationen sind wie ein Smartphone, welche unmittelbare Nachrichten durch die Sinne aussenden und wiedergeben können.

Wir entscheiden durch unsere Artikulationswerkzeuge, wie uns unser Umfeld wahrnimmt und wie dies auf uns reagiert.

Wir können unsere Emotionen oder aber unsere Gedanken in unseren Artikulationen einfließen lassen und dem Gegenüber eine veränderte Wahrnehmung erzeugen.

Agieren

Das Agieren ist die erweiterte Form unserer Gedanken. Wir lassen Taten folgen und konzentrieren unsere Energie ins „Schöpfen".

Wir kreieren bewusst eine Aktion, die wir zuerst im Kopf als Gedanken rauf und runter überlegt haben. Hierbei ist es oft auch so, dass wir unbewusst bereits schon über mehrere Tage, Jahre oder sogar während unseres ganzen Lebens bestimmte Aktionen mit einem Gedankenmuster gefestigt haben. Demnach haben wir ein Schubladendenken entwickelt, welches uns leichter Prozesse erledigen lässt – ganz ohne zu überlegen. Ein Schrank kann hierzu als perfektes Bespiel genommen werden. Wir wissen genau wo die Socken, das T-Shirt oder das Hemd hinkommt, weil wir diesen Prozess bereits automatisiert (programmiert haben). Ja, wir sind ebenfalls Aktionsprogrammierer unserer Aktionen und unserer Gedanken. Wenn jemand davon spricht, dass wir in einer Matrix leben, ist dies richtig. Jedoch können wir nicht wie bei einem Film aus dieser treten. Die Matrix sind bestimmte Abläufe die verschiedenen Gesellschaften anders eingetrichtert wurden sind, wonach Sie bestimmte Abläufe bereits in der Schule oder im gesellschaftlichen Leben erhielten. Wir haben alle eine Art Grundprogramm, welches heutzutage auch des Öfteren Bildung genannt wird. Dies stimmt jedoch nur bedingt. Bildung sind Informationen die man sich ohne Filtrierung des Staates oder der Medien aussucht. Diese vergleicht man miteinander und beurteilt diese -ähnlich wie in einer Bachelor-, Master- oder Doktorarbeit, versucht man die Information und dessen Hintergrund auch wissenschaftlich zu verstehen. Es gilt nicht nur der Informationsfakt, sondern auch die Ursache, die Auswirkung und die Quelle woher diese Information kommt. Ebenfalls werden hierbei oft Versuche oder Beispiele für die Richtigkeit der Information aufgeführt. In der heutigen Gesellschaft sind sehr viele Filter durch soziale Medien oder durch andere Medien, Bibliotheken oder auch anderen Institutionen, sodass uns nur bestimmte Informationen erreichen wodurch wir unsere Aktionen und unser Handeln programmieren. Diese Informationen bestimmen zweifelsohne unser Leben.

In der Gesellschaft sind bereits viele Schubladen vorhanden, welche leicht entlarvt werden können. Im Folgenden Beispiele eines schauspielerischen Programmierens des kognitiven Umfeldes:

Programmieren des nicht Wohlhabenden

Aktiv

Zieh dir deine ältesten Sachen an die du hast. Nimm dir eine Decke und einen Pappbecher mit. Am besten setzt du dich in einer Umgebung wo viel Fußgängerverkehr ist hin und sagst nichts. Du hast dich selbst nun zum armen in der Sicht des Umfeldes programmiert. Kleider machen demnach Leute.

Passiv

Alternativ kannst du auch beobachten, wie solche Leute behandelt werden. Du setzt oder stellst dich einfach unmittelbar neben eine solche Person und beobachtest die Aktionen des Umfeldes. Schnell erkennst du eine sehr egozentrische Wahrnehmung der anderen.

Programmieren des Wohlhabenden

Aktiv

Zieh dich so schick an wie es nur geht. Zieh am besten noch eine Sonnenbrille auf, um das Urlaubsfeeling rüber zu bringen. Geh in ein nobles Geschäft am besten eine Parfümerie, ein Uhrengeschäft oder ein nobles Modegeschäft.

Achte wie das Personal dich behandelt, weil es weiß, dass du heute die ersehnte Provision erbringen könntest. Du hast dich selbst nun zum reichen Investor programmiert.

Passiv

Alternativ kannst du dich auch in einem reicheren Milieu aufhalten und die Menschen dort beobachten. Schnell wirst du feststellen, dass sehr noble Worte gewählt werden oder das eine bestimmte Verherrlichung der Person stattfindet.

Es gibt noch viele solcher Schubladenmanipulationen, die es unser Gehirn erlauben, schnellere Verknüpfen der Bilder zu verarbeiten. Wir sind alles Schauspieler auf einer großen Bühne. Leider erkennen die wenigsten, dass unsere Rolle nie fester Natur ist. Wir können spielen und sein wer wir möchten.

Du kannst heute der Böse sein der nur schreit und morgen kannst du der Liebe sein, welcher nur Nächstenliebe besitzt.

Viele Menschen sind auch nicht monoton und machen ihr Agieren davon abhängig, wie andere mit ihnen interagieren.

Mit jedem Agieren muss jedoch ganz klar dessen Auswirkung bewusst sein. Jedes Agieren deiner Person, ruft ein Agieren einer oder mehrerer Personen oder Lebewesen hervor.

Inspirieren

Inspirieren ist die höchste Form des Agierens und löst das Denken der Egoperspektive und verwandelt diese in eine Art Synergieform der Egoperspektive gepaart mit der Vogelperspektive.

Es sollte einem immer bewusst sein, was möchte ich selber erschaffen und was möchte ich hierfür zurückerhalten. Wie möchte ich durch mein Agieren in meiner Außenwelt wahrgenommen werden und wie werde ich in dieser in Erinnerung bleiben. Werden meine agierten Aktionen in Vergessenheit geraten oder werden Sie über Generationen fortgeführt.

Es wird verstärkt darauf geachtet, wie man sein Umfeld in eine für sich richtigen Richtung lenkt. Hierbei muss man ganz klar von Energie sprechen. Wieviel Energie gebe ich weiter, sodass diese im Anschluss immer mehr wird.

Man muss sich darüber im Klaren sein, was Menschliche Energie eigentlich wirklich ist. Man wird schnell zu dem Entschluss kommen, dass wir uns selber durch Mitmenschen, Gefühle, Nahrung und Umwelt aufladen oder entladen. Ähnlich wie bei einer Batterie haben wir Säuren und Laugen im geringen Maße im Körper vorhanden. Wir essen säurehaltige, basische oder neutrale Produkte um unseren eher neutralen PH-Wert zu stimulieren. Weiterhin trinken wir täglich Kationen (Natrium, Kalium, Magnesium etc.), welche oft positiv geladen sind. Auf der anderen Seite trinken wir Anionen (Sulfat, Hydrogencarbonat etc.), welche oft negativ geladen sind. Wir atmen Sauerstoff O^2 ein und atmen Kohlenstoffdioxid CO^2 wieder aus. Hierbei bindet unser Körper die Kohlenstoffe, welcher er vorher durch die Nahrung aufnahm und stößt sie mit der Abluft aus. Diese chemischen und biologischen Meisterwerke finden ganz nebenbei passiv statt und sind nur durch unsere eigene Energie im stetigen Prozess.

Inspirationen verändern schon seit Jahren unsere Art zu denken, zu Agieren und zum Erschaffen neuer Schöpfer der Inspiration. Wir gehen als Vorbild für unsere Familie, Kinder oder für unsere Generationen, Ethnien und Religionen voran. Das einzige Ziel ist hierbei all das erlernte Wissen in Energie zu bündeln und dies möglichst mit einem großen Multiplikator weiter zu geben.

Hierbei ist eine richtige Interpretation der verschiedenen Werke von unschätzbarem Wert, mit dem einzigen Ziel eine konstruktive Basis zu erschaffen die fortan ihre Energie multipliziert.

Zufriedenheit

Schaut man sich die Gesellschaft von Kopf bis Fuß und aus jeder Perspektive an, erkennt man schnell, dass in den Regionen wie zum Beispiel in Sardinien und Okinawa und vielen weiteren Regionen, indessen die Menschen sehr alt und zufrieden sind, eine unmittelbare Gemeinsamkeit herrscht. Eine Gemeinsamkeit, welche auf der ganzen Welt umgesetzt werden könnte und nicht nur von den Orten selber abhängig ist. Eine Grundeinstellung bzw. eine Grundprogrammierung der Gesellschaft ist dort vorhanden. Es ist eine Genügsamkeit im Verbund mit einem gemeinsamen und rücksichtsvollen Leben in Bezug auf die Natur sowie auf die Mitmenschen. Man ist sich seiner destruktiven und konstruktiven Kreationsgrundlangen bewusst.

Die Menschen mit der höchsten Zufriedenheit haben schon längst erkannt, das Materielles in dieser Welt nicht das entscheidende ist. Dies wird einem bewusst, wenn man viele Stars in ihren glanzvollen Zeiten des Materialismus beobachtet oder viele arme die sich besinnen, dass ein Zusammenhalt in schwierigen Zeiten unerlässlich ist. Fragt man hingegen einen Mann in Sardinien oder aber auf einer anderen Seite des Kontinents, ist die Frage viel simpler als angenommen. Zufriedenheit haben wir in uns. Wir können sie selber hervorrufen da wir den Tempel von Gott geschenkt bekommen haben, in welchem wir verweilen. Zufriedenheit ist eine Einstellung, welche jede Sekunde und jede Gutmütigkeit, jede Wertevorstellung anderer Personen zu schätzen weiß. Es ist wie ein Belohnungssystem indessen du jedes kleine Detail, welches dir von Gott geschenkt wird zu schätzen vermagst.

Es sind die Werte der Menschen die dich Fesseln.

Es sind die Sekunden, Minuten und Stunden die du lebst.

Es ist das Lächeln deiner Freunde und deiner Familie oder deiner Liebsten.

Es sind nette Gesten die andere ausführen.

Es ist die Anerkennung gesehen zu werden.

Es sind deine eigenen Aktionen die Reaktionen auslösen.

Es sind die Komplimente oder grinsenden Gesichter die man empfängt.

Unser Akku wird mit jedem dieser Punkte gefüllt. Sie sind kostenlos und meist mit sehr wenig Aufwand zu erreichen.

Leider ist dieser psychologische und wichtige Aspekt des Öfteren in Vergessenheit geraten und sogar in die Gegensätzliche Richtung gekippt, sodass sich Leute gegenseitig Energie rauben anstatt sie wie eine Synergie und ein Sturm – unaufhaltsam und positiv weiter zu reichen.

Das Prinzip der Nächstenliebe ist hierzu das passende Konzept, welches in jeder Zivilisation durch Religionen oder anderen, ähnlichen Weisheiten weitergegeben wird. Es ist wie ein Domino-Effekt und löst eine Kettenreaktion aus.

Man kann alles aufbauen, jedoch bringt jeder Stoß auch das gesamte System ins Wanken.

Test

Mache folgenden Test:

positiv

1. Sag einer Person die du nicht kennst, dass du sie zwar nicht kennst aber das du denkst, ihr Herz sei wunderschön.

Du wirst schnell erkennen wie nicht nur die Person sich positiv aufgeladen fühlt, sondern du selbst eine ganz neue Energie erhältst. Die Person wird die Welt nicht mehr verstehen und dich Fragen: "Wieso denkst du dies?". Hierauf ist die ehrlichste Antwort:

"Gott hat uns alle wunderschön gemacht, hieran wollte ich dich nur Erinnern".

negativ

2. Sag einer Person die du nicht kennst, dass du sie zwar nicht kennst aber das du denkst, dass dieser Person etwas fehlt.

Du wirst schnell erkennen wie diese Person in ihren negativen Gedankenströmen verweilt und nachdenkt, wieso du sowas sagen kannst oder warum gerade du dir dieses Recht rausnimmst.

Lass dir hierbei keine Zeit und sag direkt im Anschluss: "Es fehlt dir ein Lächeln im Gesicht".

Schnell wirst du sehen wie der negative Schleier sich löst und eine Art Euphorie eintrifft.

Durch diesen kleinen und simplen Test kannst du bereits Gutes tun. Dies könnte man dann noch mit Komplimenten oder kleinen Süßigkeiten oder anderen Gaben und Aktionen des Teilens perfektionieren. In der Kirche wird durch den eher symbolischen Akt das Brot geteilt und dies wird zuvor gesegnet. Es wird ein Zusammenhalt durch das gemeinsame Beten und durch das gemeinsame Singen erschaffen. Hierdurch erhalten alle Menschen in diesem Gotteshaus eine ähnliche Vibration der Verbundenheit. In vielen anderen Kulturen singt und tanzt man ebenfalls zusammen oder betet zusammen um sich auf eine bestimmte Wellenlänge zu synchronisieren. Hiermit sensibilisierst du dein Umfeld wieder in die positive Richtung. Es ist ganz simpel und scheint in der heutigen Lebensweise doch so fern zu sein. Wir regen uns zu viel auf und lassen den Alltagsstress des Öfteren nicht mehr los. Dies lassen wir zu oft leider auch unser Umfeld spüren indem uns die Kleinigkeiten nicht mehr als wichtig erscheinen und wir als Art („Kunst") immer weiter zu einer monotonen Struktur verschmelzen.

Wer sich bereits verdeutlicht, dass wir Kunst sind und wir mit jeder Sekunde Kunst erschaffen können, hat die Kunst der Heiler, Schamanen, Hexen, Zauberer, Geisterheiler, Heilpraktiker, Priester, Lehrer, Religiöser und vielen weiterer Zweige der erweiterten Art des Bewusstseins verstanden. Diese Arten von Individuen haben es sich als Lebensaufgabe gemacht, anderen aktiv zu helfen durch Sprüche, Geschichten, Analysen, Lehren, psychologischen Ritualen oder durch die Verbindung mit der Natur des Inneren oder des Äußeren. Eine der größten und powervollsten Energie Ladungen sind nicht die Rituale oder Erlebnisse, sondern die Menge und die Mitmenschen mit denen man Sie erlebt. Wer mal auf einem Konzert war, der wird sich nun an die grandiose Euphorie wellen des Publikums erinnern.

Wertesystem

Werte sind die Grundbausteine der Akzeptanz, des Verständnisses, der Liebe und auch vielen weiteren Formen unseres Lebens. Werte sind dominant, aktiv oder aber passiv. Werte sind in jeder Gesellschaft unterschiedlich jedoch ähnlich. Oft führen wir Werte passiv aus und sind uns dessen aktive Auswirkung nicht bewusst. Es sind Werte die unseren Charakter wie eine Aura umgeben und unsere Energien in unser Umfeld weiter fließen lassen. Dies ist nicht abstrakt, sondern bereits wissenschaftlich belegt. Manche sagen hierbei es sind Frequenzen, andere sagen es sind Vibes oder aber Schwingungen. Die gängigste Form Menschliche Energie auszudrücken sind mit „Gefühlen". Viele können diese Energien bereits wahrnehmen und führen Aussagen aus wie zum Beispiel:

"Hey, diese Person ist auf meiner Wellenlänge!".

Viele Werte sind in der modernen Gesellschaft dominant und viele werden immer dominanter, wohingegen einige Werte immer mehr aus unserer Gesellschaft verblassen. Einige Werte sind essentiell und gar nicht erst aus einer intakten Gesellschaft weg zu denken, andere Werte sind bereits in Vergessenheit geraten und leider hat dies zu einem schlechten gesellschaftlichen Wandel geführt. In den asiatischen Regionen ist man sehr darauf bedacht, Werte in das Schulsystem zu integrieren. Viele Asiaten haben einen enormen Anstand und eine hohe Gehorsamkeit. Dies ist, weil es in jener Gesellschaft angesehen wird, wohingegen die Werte der westlichen Kultur eher ins Laisserfaire verblassen.

Essentielle Werte

Genügsamkeit, Bescheidenheit, Zuvorkommen, Liebe, Freundschaft, Humorvoll, Freiheit, Selbstverwirklichung, Gesundheit, Glück, Treue, Loyalität, Ordnung

Werte und Normen helfen uns unsere schöpferischen Fähigkeiten zu formen und unsere agierenden Aktionen in eine bestimmte Richtung zu lenken.

Da wir Menschen verschiedene Persönlichkeiten einnehmen können, ist es uns gestattet, dass wir durch die verschiedenen Persönlichkeiten diverse Gemütszustände verursachen können. Wir kreieren Liebe, Hoffnung, Trauer,

Zuneigung, Aggressionen, Depressionen, Leid, Freude und viele weitere Formen der positiven, negativen oder neutralen Energien.

Oftmals pushen uns auch negative Energien und lösen eine Art Energieumpolung aus, sodass wir durch einen Trigger (Auslöser) zu neuer Energie in unseren Körper erlangen.

Negative Erfahrungen vermögen es beispielsweise mit einem besseren Vorbild voran zu gehen und die Energien in einer besseren Art und Weise in unsere Umwelt auszusenden -im Kontrast dazu - wie wir es am eigenen Leib erfahren haben. Demnach sind auch oftmals Kinder gegensätzlich zu dem Verhalten der Eltern und folgend demnach nicht allen Formen der Energie, sondern erzeugen eine andersartige und mit eigenem Vorbild voran gehenden Energie.

Ebenfalls ist dieses Phänomen in vielen Kulturen ersichtlich, sodass die Nachfahren oder diejenigen, welche unter den negativen Auswirkungen gelitten haben und gänzlich hiervon ausgelaugt sind, als neues und oftmals besseres Beispiel voran gehen.

Positive Erfahrungen lassen uns oft eine alte Vergangenheit welche schon längst abgeschlossen ist – neu erleben.

Durch Erzählungen in Geschichten und in Überlieferungen schweben wir förmlich in Gedanken an diese Zeit. Es sind oftmals die positiven Erfahrungen die uns Freude und einen Sinn des Lebens geben.

Negative Erfahrungen hingegen haben oft eine abschreckende sowie lehrreiche Auswirkung auf alle Arten der Zeitformen.

Persönlichkeiten

Da es keine starren Persönlichkeiten gibt und jeder Mensch alle Persönlichkeiten sowie dessen Effekte erlernen und ausführen kann, werden nur die in der Gesellschaft dominanten Persönlichkeiten aufgeführt.

Hierbei unterscheidet man zwischen positiv, negativ und neutral. Man unterscheidet zwischen introvertiert (innere Kraft) und extrovertiert (äußere Kraft).

Viele Menschen sind durch Ihre bereits erhaltenen Erlebnisse und Erfahrungen sowie durch Familie, Mitmenschen, Religionen, Kulturen, Gewohnheiten und durch viele weitere Einflüsse in eine bestimmte Richtung geprägt.

Wir sind ein Geschöpf der Veränderung. Oft sagt man, dass Intelligenz ebenfalls nur ein Indikator der schnellen Anpassung ist. Somit ist zwar Wissen = Macht, jedoch ist das richtige Wissen nur dann Macht, wenn man dies umsetzen kann und sich dadurch möglichst in die heutige Zeit integrieren kann.

Persönlichkeiten werden oft mit unserer Person assoziiert und Erinnerung behalten. So ist eine richtige Persönlichkeit der Schlüssel zum Leben.

Im Folgenden werden einige Persönlichkeiten mit dessen Schönheit, Auswirkung sowie Charakterisierung aufgelistet. Alle Persönlichkeiten sind auf Menschen ohne Geschlecht bezogen, da wir alle weiblich, männlich oder neutral denken, handeln und agieren können.

Die lustige Persönlichkeit

Ein Grinsen. Ein Witz. So leicht ist dies nicht. Oftmals ist die lustige Persönlichkeit entweder durch negatives so sehr geprägt wodurch sie andere lächeln sehen will oder aber sie ist so positiv geladen, dass sie ihre Energie gerne teilen möchte. Die lustige Persönlichkeit nimmt sehr viel Mut auf sich und manipuliert bewusst die Mitmenschen durch Witze, Sarkasmus, Ironie und durchs alberne Agieren sowie Artikulieren. Diese Persönlichkeit verzaubert andere in einen Gemütszustand der belustigend ist. Hierbei wird eine Rolle eingenommen, welche die Mitmenschen oftmals normal wirken lässt. Es ist eine Art positive und auf die Neutralität zurückbringende Energie. Die Interagierenden werden oft durch Verrücktheit des Agierenden auf den Boden der Tatsachen zurückgeholt. Hierbei stellt sich die lustige Persönlichkeit oft selber zur Schau, sodass eine Empathie aufkommt, sobald die Interagierenden feststellen, dass der Agierende Spaß macht oder bestimmte Aktionen nur zur positiven, belustigenden Energieweiterleitung ausführt.

Die lustige Persönlichkeit wird in unserer Gesellschaft gerne gesehen, da sie nicht nur gute Laune verursacht, sondern auch Mitmenschen in ihren Bann der Positivität zieht. Es ist eine Leichtigkeit diesen Menschen ins Leben zu schließen, da dieser seine Mitmenschen bereichert.

Die steife Persönlichkeit

Die steife Persönlichkeit hat viele Hemmungen und negative Erfahrungen erlebt. Oftmals ist sie gehemmt im Agieren sowie im Artikulieren. Die Persönlichkeit hat ein anderes Angstverständnis und lebt eher zurückgezogen. In dieser Persönlichkeit schlummern Talente die hinter dessen Steife des Öfteren gänzlich verschlossen bleiben und nicht an die Öffentlichkeit treten. Die steife Persönlichkeit ist darauf bedacht neutral zu leben, da die vergangene negative Erfahrung diese runterziehen. Sie wirkt oft gleichgültig obwohl man mit dieser Persönlichkeit über Gott und die Welt sprechen kann. Ihr fehlt ein Hauch der positiven Energie. Diese Persönlichkeit wird in der Gesellschaft oft nicht wahrgenommen oder aber geschätzt.

Dieser Zustand der Persönlichkeit ist oft nicht andauernd und erst nach vielen Enttäuschungen oder durch viel erfahrene negative Energie vorzufinden.

Die denkende Persönlichkeit

Wenn jemand rund um die Uhr Fragen stellt, kannst du dir sicher sein, dass du gerade die Denker Persönlichkeit vor dir hast. Die Denker Persönlichkeit ist oft im Klassenraum, auf der Arbeit oder beim Erledigen von Papierkram vorzufinden.

Diese Persönlichkeitsform fragt sich selber viel und kann andere viel Fragen. Sie hat gezielte oder nicht gezielte Informationen die sie gerne verarbeiten, bearbeiten oder teilen möchte. Die Denker Persönlichkeit kann negative sowie positive Vibes erzeugen und ist somit einer der grundlegenden Persönlichkeiten.

Der Denkende Mensch vermag es uns die wichtigen und unwichtigen Informationen in unsere Schubladen zu positionieren. Sie gibt neutrale, positive und negative Energie ab.

Diese Persönlichkeitsform kann entweder stark introvertiert oder aber auch stark extrovertierte Anzeichen signalisieren.

Die aggressive Persönlichkeit

Diese Persönlichkeit kann von kleinen negativen Impulsen bis zu großen unangenehmen Impulsen wahrgenommen werden. Der Aggressive Mensch hat oft eine negative Haltung zu Situation und zu den Mitmenschen. Diese Persönlichkeit ist oft von sich selber zu sehr überzeugt und hat an einem gewissen Punkt aufgehört, dessen Energie positiv zu multiplizieren. Diese Persönlichkeit verweilt am stärksten in der Egoperspektive und sieht sein Umfeld als Konkurrenz oder nur als Nutzen. Sie teilt sich gerne negativ mit und versucht andere von ihrer negativen Haltung zu überzeugen. Diese Persönlichkeitsform ist oft sehr auslaugend. Aggressive Persönlichkeiten haben jedoch auch einen paradoxen Effekt und können anderen einen enormen negativen Energie Impuls geben, sodass diese unmittelbar denken, handeln oder agieren. Es kann passieren das die negativ ausgeladene Energie bei einer anderen Person positives verursacht. Die Interagierende Person kann die negative Energie als schlechtes Beispiel sehen und diese durch positive Energie ersetzen oder ins neutrale ausgleichen. Wiederum andere, welche bereits negativ geladen sind, reagieren auf weitere negative Energie nicht besonders positiv.

Es kann Trauer, Aggression, Depression oder ähnliches bei Mitmenschen ausgelöst werden.

Dieser Persönlichkeitsform wird oft Abstand und einen negativen Respekt entgegengebracht.

Die blendende Persönlichkeit

Es ist keine Träumer Persönlichkeit, die gerne materielles oder immaterielles hat. Es ist jemand der andere ausnutzt, austrickst oder aber manipuliert. Diese Persönlichkeit haben wir leider alle in uns. Wir wollen alle oft besser, schneller oder anders sein als unsere Mitmenschen. Hierbei müssen wir oft erkennen, dass wir fast alle gleich sind und uns anpassen können. Die Persönlichkeit des Blenders prahlt oft mit Geschichten die nur bedingt wahr oder aber gänzlich gelogen oder erfunden sind. Die Persönlichkeit des Blenders will eigentlich nur eine Persönlichkeit darstellen die diese Persönlichkeit als Vorbild erachtet oder aber selbst gerne sein möchte. Diese Art der Persönlichkeit befindet sich oft noch in der Phase der Selbstfindung. Es werden hierbei oft nur für einen Moment bestimmte Charakteristiken oder Eigenschaften eingenommen. für einen Moment der Überzeugung der Interagieren Personen vermag man hier ein schauspielerisches Talent hervorzubringen.

Diese Persönlichkeitsform ist eine der am häufigsten missinterpretierten, da diese nie eine konstante hat und zwischen Realität, Lug oder Betrug verweilt. Sofern die Blendung nicht erkannt ist, kann dies neutrale, positive oder negative Energie auslösen. Wird jedoch das Blenden von den Interagierenden Persönlichkeiten erkannt, ist die Auslösung der Interaktionen des Interagierenden nicht zu kalkulieren. Es kann oft sehr destruktive Folgen mit sich bringen, wenn die Entlarvung der Lügen stattfindet oder aber die Wahrheit an sich ganz anders aussieht.

Diese Persönlichkeitsform wird in der Gesellschaft gemischt wahrgenommen und akzeptiert. Sie werden gehasst, vermieden oder bis zur Entlarvung vergöttert.

Den Blender sollte man nicht zu lange spielen, da man einen Realitätsverlust hierdurch erleben kann.

Die gleichgültige Persönlichkeit

Diese Persönlichkeit ist neutral wie eine Waage mit einer negativ angehauchten Bilanz. Ob du dieser Persönlichkeit etwas Positives oder Negatives gibst wird kurz als Energie aufgenommen und wieder ins Neutrale umgesetzt. Diese Persönlichkeitsform ist normalerweise die Alltagspersönlichkeit um nicht alles Negative und Positive direkt in sich aufzusaugen. Zu dieser Persönlichkeitsform wechseln wir sehr oft um die Filter der Kreationsformen wahrzunehmen und zu verstehen.

Die gleichgültige Persönlichkeit wird oft als ruhig aufgenommen. In der Gesellschaft wird diese Form als Gleichgewicht und Neutralität wahrgenommen.

Derjenige der das Gleichgewicht praktiziert, gibt oft nicht viel Energie ab und erhält auch nicht viel Energie. In diesem Zustand zu verweilen ist für unsere Energieladung weder von Vorteil noch zum Nachteil.

Die motivierende Persönlichkeit

Die motivierende Persönlichkeit hat oft das Interesse, das Beste aus seinem Umfeld und seinen Mitmenschen raus zu holen. Sie kann dich im negativen motivieren oder aber im positiven Stärken. Diese Persönlichkeit wird oft als anstrengend oder als lästig wahrgenommen. Ab und zu wird Sie jedoch als Persönlichkeit stark geschätzt und ist für das Umfeld oft zum unverzichtbaren geworden. Viele gehen bis zu einem bestimmten Punkt oder schaffen bestimmte Aufgaben nur bis zu ihren eigenen Grenzen. Sobald sich die motivierende Persönlichkeit einschaltet, werden die persönlichen Grenzen oft überschritten oder diese nicht für wahrhaft angenommen. Die motivierende Persönlichkeit kann man auch selbst einnehmen und braucht hierfür keine weitere Person. Erst im späteren Verlauf wissen einige diese Persönlichkeitsform zu schätzen. Die Resultate, welche man durch eine Interagierende Persönlichkeit erfährt, lassen sich sehr oft sehen. Es wird ebenfalls die eigene Grenze gelöst, sodass du dich freier, besser und schneller in Richtung deiner Ziele oder deiner Träume entfalten kannst. Diese Persönlichkeit möchte oft nur das Beste oder die höchste Anstrengung zu einem bestimmten Ziel aus der Interagierenden Person oder aus sich selbst heraus kitzeln.

Der motivierende Mensch wird oft bei Trainern oder Mentoren beobachten. Sie schreien: „Komm noch ein Satz" / „Weiter, du schaffst das". Oder Sie füttern dich mit aktivierenden Motivationskommentaren bis zum Überschreiten der Grenzen durch eine Art Aggressivität oder durch das Herausfordern des inneren Schweinehundes. Sie sagen demnach oft: „Du Lusche, schaffst du nicht mehr?" / „Sogar eine Ameise hat mehr Kraft als du".

Sie möchten förmlich das Beste aus der Person und aus der Situation rausholen. Ebenfalls können Lehrer starke Motivatoren sein, sofern sie zu der Klasse bzw. zu den lernenden positiv gestimmt sind.

Die zufriedene Persönlichkeit

Die zufriedene Persönlichkeit ist eine Steigerung des Gleichgültigen mit einer Neigung ins Positive. Diese Persönlichkeit sieht oftmals in jeder Aktion, Reaktion, Agierung oder im Denken der anderen Lebewesen etwas Positives. Diese Persönlichkeit sieht die Gute Seite der Seelen und ihr ist bewusst, dass wir alle sowohl gut als auch schlechte Eigenschaften oder Verhaltensweisen verinnerlicht haben.

Diese Persönlichkeit ist eine der größten Leitfäden für Lebewesen. Es wird stets das Gute auf der Welt gesehen und dies wird durch diese Persönlichkeit massiv geschätzt, weshalb Sie von Grund auf zufrieden ist.

Die zufriedene Persönlichkeit ist oftmals sehr optimistisch gestimmt und gibt seinem Umfeld oft einen Denkanstoß indem sie eine Klarheit der Genugtuung verschafft.

Die zufriedene Persönlichkeit wird sehr geschätzt und von den Mitmenschen geliebt. Sie zieht sehr viele Mitmenschen an, da diese Persönlichkeitsform Dankbarkeit ausstrahlt. Dankbarkeit für die kleinen Dinge im Leben und auch für die normalsten Dinge der Welt Zufriedenheit hervorbringt.

Die euphorische Persönlichkeit

Die euphorische Persönlichkeit ist für andere oft das blühende Beispiel und auch eine positive Inspiration. Viele sind von dieser Persönlichkeitsform fasziniert, da sie Unmengen an positiver Energie frei gibt. Die euphorische Person kann man an einem strahlenden Lächeln oder an einer sprießenden Freundlichkeit erkennen. Diese Form der Persönlichkeit gibt oft eine Art von Lebensfreude wieder. Sie ist die Steigerung der zufriedenen Form.

Oftmals haben wir diese Persönlichkeit nach großen Errungenschaften oder nach freudigen, anhaltenden Erfahrungen. Personen die viel positives erfahren haben, oder diejenigen die sich an den positiven Energien des Lebens festhalten, können diese Persönlichkeitsform im vollen Umfang ausleben und perfektionieren.

Diese Persönlichkeitsform ist das Meisterwerk der Inspiration, da oftmals ein Lächeln, ein nettes Hallo oder eine nette Geste die Mitmenschen im Umfeld positiv beeinflusst.

Nicht nur wir können diese verschiedenen Persönlichkeiten einnehmen. Andere Lebewesen können diese ebenfalls einnehmen, welche wir auch dementsprechend wahrnehmen.

Wir alle wünschen uns eher eine zufriedene und verschmuste Katze oder einen liebevollen, gehorsamen Hund. Niemand möchte gerne gebissen oder getreten werden. Leider spielt das Schicksal nicht immer mit und wir erhalten nicht immer die gewünschten Persönlichkeiten, wonach wir Sehnsucht haben. Wir sind dazu im Stande andere Lebewesen und auch dessen Persönlichkeiten zu ändern oder zu manipulieren. Wir können auf bestimmte Persönlichkeiten reagieren, indem wir mit einer benötigten Persönlichkeit antworten. Je nachdem wonach sich das Lebewesen sehnt, können wir das ersehne hervorrufen.

Wir können der Halt in einer schweren Zeit sein.

Wir können der Funke sein, welcher das innere Feuer wieder zum Brennen bringt.

Wir können das Wasser sein, welches den Baum zum Wachsen bringt.

Wir können die Schutzmauer sein, sodass nichts weiteres an dem anderen Lebewesen abprallt.

Wir können die reichende Hand sein, welche andere vom Boden hinaufhilft.

Wir können die Hoffnung sein, welche andere schon verloren haben.

Wir können den Lenker Richtung Sonne führen.

Wir entscheiden ob wir eine destruktive Welle der Negativität aussenden oder ob wir eine positive eher aufhellende sowie verstärkende Energie weiterleiten

Energieformen der Persönlichkeiten

+ +	Die lustige Persönlichkeit
+ -	Die steife Persönlichkeit
+ -	Die denkende Persönlichkeit
- -	Die aggressive Persönlichkeit
- +	Die blendende Persönlichkeit
+ -	Die gleichgültige Persönlichkeit
+ +	Die motivierende Persönlichkeit
+ +	Die zufriedene Persönlichkeit
+ +	Die euphorische Persönlichkeit

Fähigkeiten

Empathie

Die Empathie verleiht uns die außergewöhnliche Fähigkeit, die Einstellung und das Befinden anderer Personen mit denen man agiert, interagiert oder welche man schlicht beobachtet, zu erkennen und diese zu deuten.

Durch Empathie können wir den geistigen Zustand aus den Artikulationen (Mimik, Gestik etc.) wahrnehmen. Man kann hierbei den Menschen bewusst wahrnehmen.

Bei der Empathie gibt es einige die dazu neigen, dass diese Fähigkeit stark ausgeprägt ist. Diese Personen sind hypersensibel und können sich zu gut in die Lage der anderen hineinversetzen. Sie können Kummer, Leid und Schmerzen des Umfeldes intensiver wahrnehmen als andere es tun. Diese

Personen kommen oft schwach und sensibel rüber. Diese Art von Menschen die eine Empathie sensibilisiert haben sind oft herzliche Personen die sich einfach zu sehr in die Gedanken oder das Befinden anderer hineinsteigern. Sie haben oft das Verlangen anderen zu helfen oder bestimmte Kraft durch Energie zukommen zu lassen.

Empathie ist nicht immer von Vorteil, da Sie jemanden auch negativ beeinträchtigen kann. Man lässt hierdurch viele Sorgen des Umfeldes und seiner Mitmenschen an sich heran und kann sich nicht mehr auf sein eigenes Befinden konzentrieren. Sehr empathische Menschen können leider durch Blender oder Manipulierer auf die falsche Fährte geführt werden, welches Sie eher schadet.

Ekpathie

Dies ist das Gegenteil von Empathie und lässt uns rationalere sowie egozentrischere Entscheidungen treffen. Diese Fähigkeit erlaubt es uns eher strukturiert in unserer Egoperspektive zu verbleiben. Man lässt hierdurch weniger Gefühle des Umfeldes zu und hat eine Art Schutzhülle. Dies ist leider auch nicht immer gut, da man hierdurch die Probleme oder die Einstellung der Mitmenschen oft übersieht oder gar nicht erst wahrnimmt.

Man baut Mauern auf über die man nicht mehr hinweg sieht und erhält hierdurch eine Art Tunnelblick. Diese Fähigkeit findet man oftmals in Berufen, die eine gewisse Härte erfordern. Man wird hierdurch abgestumpft und kann manipulativen Aktionen Stand halten.

Man sollte eine gesunde Mischung zwischen diesen Beiden Fähigkeiten haben, sodass man sich selber und sein Umfeld schützt, wahrnimmt, festhält und auch loslassen kann.

Liebe

Die Liebe ist eine unermessliche Kraft, welche ein großes Spektrum abdeckt. Man kann alles mit Liebe anfassen, weitergeben, weiterleiten oder anfangen.

Liebe ist nicht nur ein Gefühl, sondern es ist ein Prozess den man verschiedenen Situationen oder Aktionen beifügen kann. Es ist eine Kraft die einen hohen Multiplikator hat. Die Liebe ist sehr anziehend und kann positiv gegeben sowie weitergegeben werden.

Liebe kann jedoch auch negativ sein, wenn man diese vermisst oder aber diese nicht mehr erhält.

Leider ist diese Fähigkeit genau so simpel wie komplex. Oftmals ist Liebe eine Fähigkeit, welche uns eine enorme Lebensfreude verleihen kann.

Sie gedeiht unter denen, die sie weitergeben und dafür verantwortlich sind. Liebe ist eine Fähigkeit und auch in der Weitergabe ein Meisterwerk der positiven Energie.

Nahezu alle Lebewesen egal wie gut oder schlecht sie scheinen, sehnen sich nach dieser Liebe, welche sich im Verhalten der Mitmenschen, der erhaltenen Informationen oder aber in den Kreationen von Gott wiederfinden lassen.

Jedes Lebewesen hat eine gewisse Grundliebe in sich, sodass diese Lebewesen erneut mit Liebe aufwachen. Sie essen mit liebe und trinken mit Liebe. Es wird mit den liebsten in Liebe Interagiert, Artikuliert oder aber Inspiriert.

Wir denken in Liebe. Oft handelt man in Liebe an sich selbst. Sofern man diese Liebe in einem gewissen Maße erfüllt hat, fängt man an diese Liebe an die liebsten Lebewesen weiterzugeben.

Liebe ist eine Fähigkeit, welche oft unbewusst durchgeführt wird. Leider findet diese Fähigkeit oft bei vielen Lebewesen einen egozentrischen Platz. Das Spektrum des Weiterleitens von Liebe ist oft nicht sehr ausgeprägt. Hierbei sind wir jedoch durch unseren Lebensraum auch eingeschränkt. Weiterhin ist die Dankbarkeit für die mit Liebe erstellten Umwelt, für alle Lebewesen, Organismen, Stoffe, Formen, Normen und Elemente oft sehr fern.

Wir nehmen sie mit einer Selbstverständlichkeit an. Religionen oder andere Wegweiser des Lebens versuchen genau diese Liebe wieder herzustellen. Dies ist eine essentielle Fähigkeit, denn erst wer den Ursprung zu schätzen weiß, der wird sowohl die Wirkung als auch das weitere Ausmaß der Liebe verstehen und mehr wahrnehmen können. Man erfährt ebenfalls mehr Liebe, wenn man diese zu schätzen weiß und sich damit auskennt.

Vision

Die Welt können wir gestalten wie wir möchten. Man muss nicht immer die ganze, große Welt verändern. Hierbei kann man im Kleinen ein richtiges Paradies erschaffen. Seine eigene kleine Welt ist hierbei die Vision. Die Kreationsformen zu verstehen und die Persönlichkeiten in einem spielerischen und weniger ernstem oder gefestigten Sinne zu verstehen, wird viele möglicherweise von seinen Ansichten befreien. Andernfalls wird dies möglicherweise die Ansichten verstärken, sodass man genau weiß wie man sich in seinem Leben positioniert.

Sofern sich jeder seiner Taten bewusst ist, erst dann besinnt man sich dazu, wie sehr alles zusammenhängt und wie sehr man mit seinem Umfeld in Verbindung steht. Wir existieren ohne unser Umfeld nicht und möglicherweise existiert unser Umfeld ohne uns ebenfalls nicht wie es sein sollte.

Wir haben die verschiedenen Energien kennengelernt, welche nicht nur andere wachsen lässt, sondern auch die eigene Person. Wer möchte schon nicht gerne wachsen.

Wer möchte schon nicht mehr geliebt werden.

Wer möchte nicht mehr Anerkennung.

Niemand möchte Gewicht tragen, wenn man es teilen oder ablegen kann. Also warum tragen wir nicht gemeinsam Lasten und auch das Glück auf gemeinsamen Händen.

Wenn immer mehr ihre kleine Welt perfektionieren wird die große, weite Welt sich den Normen der Grundbausteine fügen. Das Spinnennetz wird sich zu einem Prachtexemplar in immer weiterer Multiplikation des positiven ausbreiten. Wir besuchen und hinterlassen alles mit positiver Energie, sodass wir diese auch durch möglicherweise neue oder andere Lebensformen erhalten.

Man muss erkennen, dass wir die Natur sind. Wir müssen uns nicht von dieser los lösen, sondern eine Synergie und auch einen Multiplikator dieser anstreben.

Da Leben ist komplex und doch so einfach. Wir erhalten Energie und geben Energie ab. Dieser Kreislauf ist unumgänglich und sollte geschätzt werden.

Zeitfracht Medien GmbH
Ferdinand-Jühlke-Straße 7
99095 Erfurt, Deutschland
produktsicherheit@kolibri360.de